Jutta Schütz

wurde in Lebach (Saarland) geboren.

Mit ihrem ersten Bestseller "Plötzlich Diabetes" (2008) gilt die Autorin bei Kritikern als Querdenkerin. 2010 startete sie mit ihren Gesundheitsbüchern ihr Pilotprojekt in Bruchsal und später bei der VHS in Wolfsburg. Schütz schreibt Bücher, die anspornen, motivieren und spezielles Insiderwissen liefern. Sie hat bis heute viele Bücher geschrieben und an vielen anderen Büchern mitgewirkt. Zudem hilft sie als Mentorin und Coach vielen Neuautoren bei der Veröffentlichung ihrer Bücher.

Als Journalistin schreibt sie für viele Verlage und Zeitungen. Ihre Themen sind: Gesundheit, Psychologie, Kunst, Literatur, Musik, Film, Bühne, Entertainment. Weitere Informationen zur Autorin und ihren Büchern findet man in den Verlagen, auf ihrer Webseite sowie im Kultur-Netzwerk.

Mehr Infos finden Sie auf der Webseite:

www.jutta-schuetz-autorin.de

www.die-gruppe-48.net/Funktionstraeger

INHALTSVERZEICHNIS

Kohlenhydratreduzierte Ernährung

Die Faktoren der Gesundheit definiert die WHO (Weltgesundheitsorganisation) als „Das Ausbleiben von Krankheiten". Gesundheit gilt als einer der wichtigsten Faktoren für Zufriedenheit und Glück. In den vergangenen Jahrzehnten entstanden viele Ernährungsumstellungen und Diäten, dass es mitunter sehr ermüdend ist, sich mit diesem Themenkreis überhaupt noch zu befassen, zu enttäuschend waren die Resultate. Die Gesundheit ist aber kein Geheimnis!

Unsere tägliche Nahrung kann uns resistent und stark gegenüber vielen Zivilisationskrankheiten machen, sie hilft uns die Immunabwehr des Organismus aufzubauen. Sie können Ihr Leben leichter machen, indem Sie Ihre Ernährung auf „Kohlenhydratreduzierung" umstellen. Low Carb ist kein Geheimnis und auch keine besondere Herausforderung, sondern lediglich eine gesündere Ernährung.

Viele Menschen leiden heutzutage unter einer Zivilisationskrankheit wie zum Beispiel:

- Diabetes

- Multiple Sklerose

- Darmerkrankung

- Epilepsie

- AD(H)S

- Krebs

- Depressionen

- usw.

In den Low Carb Büchern der Autorin Jutta Schütz erfahren Sie, wie man seinem Körper mit kohlenhydratarmer Ernährung etwas Gutes tun kann. Neben spannenden Hintergrundinfos zu Low Carb findet man in den Büchern leckere, unkomplizierte und kohlenhydratarme Rezepte für Jedermann.

© 2019 Autor: Jutta Schütz
© 2019 Buchsatz, Layout, Buchgestaltung
© 2019 Buchidee: Jutta Schütz
www.jutta-schuetz-autorin.de

© 2019Herstellung und Verlag:
BoD – Books on Demand, Norderstedt.
ISBN: 9783749419661

Bibliografische Information der Deutschen Nationalbibliothek:
Die Deutsche Nationalbibliothek verzeichnet diese Publikation in der Deutschen Nationalbibliografie; detaillierte bibliografische Daten sind im Internet über http://dnb.d-nb.de abrufbar.

Die im Buch veröffentlichten Ratschläge wurden von mir sorgfältig geprüft. Eine Garantie kann ich dennoch nicht übernehmen. Ebenso ist die Haftung von mir bzw. des Verlages für Personen-, Sach- und Vermögensschäden ausgeschlossen. Alle Markennamen, Warenzeichen und sonstigen eingetragenen Trademarks sind Eigentum ihrer rechtmäßigen Eigentümer und dienen hier nur der Beschreibung.

MIX
Papier aus verantwortungsvollen Quellen
Paper from responsible sources
FSC® C105338
FSC
www.fsc.org

Jutta Schütz

Aphrodisierendes
LOW CARB

Liebe geht bekanntlich
durch den Magen

Liebesrezepte und Getränke kommen auch in den Mythen und Sagen vor. Zum Beispiel führte bei Tristan und Isolde das Vertauschen des Trankes zum tragischen Ende. Auch im Alten Testament wird erzählt, wie sich Frauen ihren Auserwählten geneigt machten. Es gibt zahlreiche Rezepte zu diesem Zweck und zur Herstellung der Potenz bei Männern, die heute noch bekannt sind.

Fast alle wünschen sich ein prickelndes Liebesleben und wollen besseren Sex. Pharmafirmen werben mit Potenzmitteln und machen riesige Umsätze. Wie wäre es mit einigen anregenden Rezepten, die auch noch Gesundheitsfördernd sind? Eine raffinierte Methode, um körperliche Nähe herzustellen, ist die Verbindung von Essen und Erotik. Nicht nur Berührungen, sondern auch bestimmte Nahrungsmittel können die Lust fördern. Es gibt kaum ein Lebensmittel, dem im Lauf der Menschheitsgeschichte nicht einmal eine libidinöse Wirkung nachgesagt wurde. Lebensmittel, die die sexuelle Lust steigern - gibt es sie wirklich? Dass Liebe durch den Magen geht, davon haben Sie bestimmt schon etwas gehört und auch die Lust auf Sex, lässt sich durch raffinierte Rezepte steigern. Die Libido wird durch die Vitamine C, A, B12, E sowie auch durch Folsäure, Selen und Zink beeinflusst. Luststeigernd wirken auch Chili, Zimt, Koriander, Nelken, Sternanis, Safran, Ingwer, Myrrhe, Ginko und Hanf.

Der Trüffel ist teuer, aber durch seine Menge an Mineralien und Proteinen belebt der Trüffel die Sinne. In folgenden Gemüsesorten steckt eine anregende Wirkung: Tomate, Rettich, Spargel, Gurke, Zwiebel, Karotten, Paprika und Feldsalat. Ebenso in Früchten und Nüssen: Melone, Erdbeere, Zitrone, Haselnuss, Kokosnuss, Esskastanie und Granatäpfel. Schon in der Antike waren berauschende Kräuter bekannt. Zu den erotisierenden Pflanzen gehörten damals die Alraune, Safrankrokus, Erdscheibe, Falzblume und die Meeresdistel.

Aphrodisiaka haben eine bekannte Wirkung und können stimulierend oder anregend wirken. Aphrodisiaka kommt von Aphrodite, der griechischen Göttin der sinnlichen Liebe, der Verführung und der Schönheit, die aus dem Meer geboren wurde. Übersetzt aus dem griechischen bedeutet das: Aphrós – Schaum bzw. die Schaumgeborene. Als Aphrodisiaka werden Düfte bezeichnet, die sich positiv auf das sexuelle Verlangen auswirken. Lust entwickelt sich auch durch den Geruch und es gibt viele intensiv duftende Pflanzen: Muskatnuss, Vanille, Anis, Estragon, Basilikum und das Zitronengras. Vanille war früher in Klöstern verboten, da sie angeblich zur Unkeuschheit verführte. Und die dunkelblauen Wacholderbeeren, die in Wasser eingeweicht werden, galten im Mittelalter als Viagra.

Giacomo Casanova (1725 – 1798) war ein venezianischer Schriftsteller und Abenteurer des 18. Jahrhunderts. Der berühmte Liebhaber trank gerne heiße Schokolade, die er für das nötige Durchhaltevermögen bei seinen amourösen Abenteuern liebte. Für die anregende Wirkung der süßen Köstlichkeit gibt es eine ganz einfache wissenschaftliche Erklärung: Die Schokolade enthält Phenylethylamin. Das ist eine Substanz, die vermehrt im Blut zu finden ist, wenn wir uns verlieben. Die Schokolade wirkt ähnlich wie Adrenalin und Dopamin und steigert die Pulsfrequenz.

♥ Zitat von Giacomo Girolamo Casanova: Einzig der Mensch ist wirklicher Lust fähig, denn er ist mit dem Vermögen des Denkens begabt; er erwartet die Lust, er sucht sie, er verschafft sie sich und erinnert sich ihrer, wenn er sie genossen hat.

Wissenswertes über
Aphrodisische Lebensmittel

Die Patronin der Schönheit und der Liebe „Aphrodite", war eine der wichtigsten altgriechischen Gottheiten und ist die Taufpatin der so genannten Aphrodisiaka.

Hinter diesem Wort verbergen sich Substanzen oder Nahrungsmittel, die eine bestimmte Eigenschaft haben. Sie sollen die Lust an der Lust steigern.

Die aphrodisischen Lebensmittel und Kräuter kurbeln die Produktion von Glückshormonen (sogenannter Serotonine) an und sorgen so für Glücksempfindungen.

Viele dieser Lebensmittel haben auch einen sehr hohen Anteil an Vitaminen, Mineralien und Eiweiß.

Erfahren Sie nun mehr über Lebensmittel, die die Lust wecken

♥ Alkohol

Wenn der Alkohol richtig dosiert wird, kann er ein wahres Aphrodisiakum sein, denn er regt die Lustzentren im Zwischenhirn an und dämpft Hemmungen.

Wenig Alkohol ist hier das große Zauberwort!

Bitte keine hochprozentigen Drinks; greifen Sie lieber zu Champagner oder Schaumwein. Sie stimulieren durch ihre perlenden Eigenschaften die Nerven im Mundraum und auf der Zunge. Die prickelnde Kohlensäure sorgt dafür, dass der Alkohol schneller ins Blut geht.

♥ Auster

Austern sind schon lange als Aphrodisiakum bekannt. Zwar bestehen sie zu über 80% aus Wasser, aber der Rest bietet eine Fülle wertvoller Nährstoffe. Sie enthalten viel Eiweiß, wenig Fett, Eisen, Kalzium, Jod, Vitamin A und B und außerdem Zink (ein wichtiger Nährstoff für die Bildung von Testosteron: männliches Sexualhormon). Ein Mangel an Zink kann bei Männern zu Unfruchtbarkeit und Impotenz führen. Casanova soll die sinnlichen Meeresfrüchte bereits zum Frühstück verspeist haben.

Der Blick in das Innere der Früchte weckt Assoziationen an eine Vulva.

♥ Basilikum

Das Basilikum, auch Königskraut genannt, ist eine Gewürzpflanze. Besonders zusammen mit Tomaten entfaltet es sein unvergleichliches Aroma. Als starkes Aphrodisiakum wurde es früher von Frauen als verführerisches Parfüm verwendet, um ihre Männer vor Begierde wild zu machen. Es stärkt nicht nur die Verdauungsorgane, sondern beruhigt auch die Nerven, lindert Migräne und wirkt antibakteriell und schützt so vor Krankheiten die bereits gegen Antibiotika resistent sind.

♥ Bärlauch

Bärlauch ist ein grünes Waldkraut, das vom Geruch her an Knoblauch erinnert. Er enthält viele schwefelige Inhaltsstoffe und gilt als die schwefelreichste Pflanze Europas. Der wilde Bärlauch wird in der Naturmedizin auch als Hexenzwiebel bezeichnet. Schon im Mittelalter sprach man ihm Heilkräfte zu. Vor allem sexmüde Männer sollen von ihm profitiert haben.

Der Adenosingehalt des Bärlauches ist fast 20-fach höher als in Knoblauch. Adenosin hat die positiven Eigenschaften der Vitamine A und C und des Mineralstoffes Selen. Der Bärlauch ist das reinste Labsal gegen Zivilisationskrankheiten. Vitamin C, Magnesium, Eisen und Mangan schenken Kraft und Ausdauer.

Ein zehntausendstel Gramm Allicin haben die gleiche Wirkung wie 25 Einheiten Penicillin. Dies wurde schon im Jahre 1944 in einer amerikanischen Studie bewiesen. Damit gilt er als natürliches Antibiotikum. Allicin ist das Umsetzungsprodukt der in Knoblauch vorkommenden nicht-proteinogenen Aminosäure Alliin.

♥ Chili

Es gibt weltweit mehr als 1000 verschiedene Chilisorten. Die kleinen Schoten (Beerenfrüchte) sind nicht nur scharf, sondern auch gesund und kommen ursprünglich aus Südamerika. Es ist das schärfste aller Gewürze und gilt absolut als Scharfmacher beim Thema Sex. Sein heißes Feuer entsteht durch Alkaloide und Capsaicin.

Schon eine kleine Priese Chiliflocken reicht aus, um das Lustempfinden anzukurbeln. Die Schärfe reizt im Rachenraum Nerven, die dieses Signal an das Gehirn weitergeben und die Ausschüttung von Glückshormonen bringt Genießer in Stimmung für Sex. So sorgt das Gewürz dafür, dass der Körper Opiate ausschüttet und die Durchblutung der Schleimhäute anregt.

Verschiedene Vitamine und Nährstoffe wie zum Beispiel das Vitamin A, E und B12 der Chili halten die weibliche Libido in Bewegung. Neben den bereits aufgezählten Vitaminen enthalten die Schoten das für den Eiweißstoffwechsel wichtige Vitamin B6, die Vitamine B1, B2 und das Vitamin P, das die Blutgefäße stabilisiert.

♥ Ei

Das Ei gilt überall auf der Welt als das Symbol für Fruchtbarkeit. Es enthält Cholesterin, essenzielle Fettsäuren, Vitamine und Mineralstoffe, die für das Wachstum gebraucht werden.

Das Eiklar unterstützt die Produktion und Funktion von Spermien und Ejakulat, der Dotter enthält Vitamin A, B, K sowie Fette, die Kraft und Ausdauer spenden. Außerdem steckt im Eidotter noch Lecithin, das die Leber und die Dickdarmschleimhaut schützt.

Noch vor einigen Jahren wurde vor Eiern gewarnt. Neuere Studien belegen jedoch, dass Hühnereier schlank machen und gesund sind.

Wie hoch ein gesunder Cholesterinspiegel sein darf, hängt vom Alter ab. Kinder und Jugendliche dürfen einen Wert von 175 Milligramm pro Deziliter (Durchschnitt) haben und die 50-Jährigen einen Wert von etwa 250. Als Faustregel gilt: 200 plus Lebensalter.

♥ Enzian

Er regelt die Geschlechtsdrüsen und wirkt je nach Typ entweder belebend oder dämpfend. Es gibt mehr als 100 verschiedene Enzianarten.

Der gelbblühende Enzian verdankt seinen Namen angeblich einem König von Illyrien, der seine fiebersenkende Wirkung entdeckte.

Nach Kneipp ist der Enzian, neben Salbei und Wermut, eine von drei Pflanzen, die in jeden Garten gehören. Er verbessert das Blutbild und wirkt ausgleichend auf die weißen und roten Blutkörperchen.

♥ Erdbeere

Das Rosengewächs ist botanisch gesehen keine Beere, sondern eine Sammelnussfrucht. Das leckere rote Fruchtfleisch ist nur eine Scheinfrucht, während die eigentlichen Früchte der Erdbeere die kleinen gelben Körner an der Oberfläche sind.

Die aphrodisierende Wirkung der Erdbeere ruft das Sexualhormon Testosteron hervor und der süße Geschmack regt die Geschmacksnerven an, welche die Produktion von Glückshormonen fördert.

Erdbeeren verfügen über einen hohen Kaliumgehalt, Vitamin C, B1, B2 und ihr Eisengehalt hilft beim Aufbau von roten Blutkörperchen.

♥ Feige

Die Feige (Ficus) ist die einzige Gattung der Tribus Ficeae aus der Familie der Maulbeergewächse (Moraceae). Kaum eine Frucht ist sinnlicher als die Feige. Sie ist ein kulinarisches Gemüse und steckt voller gesunder Inhaltsstoffe.

Die Feige sieht etwas aus wie ein Hodensack und weckt schon beim Ansehen sexuelle Fantasie. Schneidet man die Frucht auf, ähnelt sie einer Vulva. In Afrika gelten Feigen heute noch als natürliche Aphrodisiaka. Ihr hoher Gehalt an Eisen, Kalzium, und Phosphor machen sie zu einem optimalen Energiespender. Der Phosphor gilt als Lustbringer, der den Stoffwechsel stimuliert und die Erregbarkeit steigert.

♥ Fenchel

Er enthält eine östrogenähnliche Substanz (Estragol), die das sexuelle Verlangen bei Frauen erhöht und den Männern verhilft er zu mehr Ausdauer bei der Liebe. Der Fenchel versorgt den Körper jedoch in erster Linie mit vielen Vitaminen und wertvollen Aminosäuren. Diese stärken die Nerven, das Immunsystem und lindern Blasen- und Prostatabeschwerden.

Das aromatisch duftende Gemüse enthält ätherische Öle, die auf die Psyche wirken sollen.

♥ Granatapfel

Im biblischen Paradies sollte bereits Eva ihrem Adam einen Granatapfel überreicht und damit den Sündenfall provoziert haben. Die Früchte des Granatapfelbaums sind in der griechischen Sage Symbole der Göttin Aphrodite. Wenn man die Früchte aufbricht, erinnert das kernige und rote Fruchtfleisch an eine erregte Vulva. Sie soll auch bei Erektionsstörungen helfen.

Die Frucht enthält Vitamin C, B, Mineralstoffe wie Kalzium, Phosphor, Eisen und Kalium, das für die Funktion von Nerven und Muskeln wichtig ist.

♥ Ingwer

In der indischen Küche ist die scharfe Gewürzknolle ein fester Bestandteil. Die Auswirkungen dieser Knolle kommen durch die ätherischen Öle des Ingwers, vor allem Gingerol und Ingiberol spielen dabei eine große Rolle.

Seine ätherischen Öle regen den Appetit an und helfen auch bei der Verdauung. Es heißt auch, dass die Produktion der Spermien verbessert werden. Es heißt nicht umsonst, dass Kochen und Essen eine Leidenschaft sind.

Schon lange wird in der ayurvedischen Medizin Ingwer zur Stimmungsaufhellung und zum Entfachen der Lust genutzt. Außerdem löst Ingwer Antriebslosigkeit und füllt den Körper mit Energie und Vitalität.

Das feurige Gewürz fördert die Durchblutung und regt den Appetit in vielseitiger Weise an - auch auf den Partner.

♥ Kaffee

Im 16. Jahrhundert galt der Kaffee als Aphrodisiakum, nicht als Genussmittel oder Getränk. Koffein, Nicotinsäure und Theobromin wirken leicht stimmungsaufhellend. Zirka 1000 zusätzliche Inhaltsstoffe sollen die gerösteten Bohnen haben und wer zu viel Kaffee genießt, könnte in einen regelrechten Koffeinrausch geraten.

Der Kaffee mit seinem angenehm bitteren Aroma, regt die sexuelle Aktivität an.

♥ Kardamom

Kardamom gehört zu den edelsten und teuersten Gewürzen und die getrockneten Samen der Kardamomstaude gelten im Orient als starkes Liebesmittel. Es ist dem würzigen und leicht süßlichen und intensiven Geschmack zu verdanken, dass Kardamom als anregend bezeichnet wird. Seine enthaltenen ätherischen Öle regen die Psyche an und wirken auch auf die Potenz des Mannes.

♥ Kokosnuss

Seit vielen tausenden von Jahren ist die Vielfalt der Kokosnuss bekannt und heute noch gilt sie als Stärkungsmittel und Aphrodisiakum. Sie enthält einen großen Samen (fettreiches Fleisch und aromatische Milch). Ätherische Öle sowie auch die B-Vitamine sollen die Potenz und die Begierde der Frau steigern.

♥ Kürbis

Der Kürbis ist eine der wichtigsten Kulturpflanzen der früheren Kulturen Amerikas. Betrachtet man den Kürbis genauer, erinnert er an die weiblichen Rundungen der Frau. Für die Indianer galt der Kürbis mit seinen unzähligen Kernen als Symbol für unendliche Fruchtbarkeit. Er ist ein kalorienarmes, vitamin- und mineralstoffreiches Nahrungsmittel. Vertreten sind: Provitamin A, Vitamin C, B1, B6, Kieselsäure Zink, Selen, Eisen, Magnesium, essentielle Fettsäuren und Betacarotin.

In der Naturmedizin verwendet man Kürbiskernöl gegen Blasen- und Prostatabeschwerden. Für 1 Liter reines Kürbiskernöl werden 25 bis 30 Kürbisse benötigt.

♥ Muskatnuss

Schon im 16. Jahrhundert war die Muskatnuss in Indien, Arabien und China wegen ihrer berauschenden Wirkung begehrt und kam dann im Mittelalter nach Europa. Der Hauptwirkstoff Myristicin im Muskat wirkt stimulierend auf die Libido und dieses erotisierende Öl in der Nuss ist vermutlich auch deshalb eine Substanz, die für die Herstellung von Ecstasy verwendet wird.

Das fein geriebene Pulver (Nur eine Prise – es kann zu Kopf- und Magenschmerzen führen) verstärkt die Alkoholwirkung in einem Drink. Bitte vorsichtig dosieren, sonst droht eine Vergiftung! Generell wird bei einer sparsamen Verwendung keine akute Vergiftung möglich sein. Im Mittelalter würzte man auch Milch und Wein mit der Muskatnuss, um die Lust auf die Liebe anzukurbeln.

♥ Petersilie

In Zeiten von Burnout und Hektik sowie Rheuma, Diabetes, Darmerkrankungen, Menstruations- und Wechseljahresbeschwerden legt man immer mehr Wert auf natürliche Heilmittel. So gilt schon seit dem Altertum die Petersilie als hochpotentes Aphrodisiakum.

Dieses eigentlich total gewöhnliche Gartenkraut hat es in sich, da es ätherische Öle enthält. Die entsprechenden Wirkstoffe (Apiol: stärkt die Blase) stecken in der Wurzel (nicht in den Blättern).

Damals hießen in manchen Orten gewisse Gegenden (Rotlicht-milieu – Straßenstrich) „Petersilliengassen". Dies ist kein Wunder, denn in Petersilie und Petersilienwurzeln stecken bis zu sechs Prozent eines ätherischen Öls, das erotisch anregend wirkt.

> ♥ **ACHTUNG:** Frauen in der Schwangerschaft sollten auf Petersilie verzichten! Petersilie kann zu einer Fehlgeburt führen.

Ebenso kann eine große Menge an Petersilie die Schleimhäute reizen und zur Sensibilisierung gegenüber Licht führen.

♥ Rettich

Das heilkräftige Frühlingsgemüse wurde schon im alten Ägypten geehrt. Die Erbauer der Pyramiden erhielten den Rettich als Nahrung, um gesund und stark die harte Arbeit zu verrichten.

Er enthält viel Vitamin C, der Stoffwechsel wird angeregt und gilt bei Husten als schleim- und krampflösend.

Im Mittelalter wandte man den Saft auch äußerlich an. So wurde der Penis mit dem Saft abgerieben und man erhoffte sich damit eine dauerhafte Erektion.

> ♥ **Bitte probieren Sie dies nicht aus, denn der Saft kann die Haut extrem reizen.**

♥ Rosmarin

Die Heilpflanze ist im Mittelmeerraum heimisch, wird aber auch in Deutschland angebaut. Das verdauungsfördernde, spasmolytische und köstliche Kraut wird mit der Liebesgöttin Aphrodite in Verbindung gebracht. Er spielt bei der Behandlung von niedrigem Blutdruck eine wichtige Rolle.

Man sagte sich im Mittelalter, wenn eine junge Frau dem Blick ihres Liebsten sicher sein wollte, sollte sie sich einen Zweig des Strauches in ihr Dekolleté stecken. In der ARD-Fernsehserie „Sturm der Liebe" galt der Rosmarinstrauch als Liebessymbol von Robert und Miriam.

♥ Safran

Safran gilt in der traditionellen Heilkunde Indiens und auch in der islamischen Welt als Aphrodisiakum. Die alten Griechen überlieferten, dass es die sinnliche Begierde des weiblichen Geschlechtes anregt. In der ayurvedischen Medizin ist es das wichtigste Liebesgewürz. Als Tee oder Wein steigert Safran die Sinnlichkeit im erotischen Bereich und regt aufgrund seiner enthaltenen ätherischen Öle den Kreislauf an.

♥ Sellerie

Sellerie regt mit seinen ätherischen Ölen und insulinähnlichen Stoffen Drüsen und Stoffwechsel an. Man verwendet die intensiv schmeckende Knolle als Gemüse oder getrocknetes Gewürz. Im Mittelalter war sie bekannt als eines der wichtigsten Zutaten für Liebesgetränke. Wahrscheinlich ist die im Sellerie enthaltene Substanz Butylphthalid mit verantwortlich für die erotisierende Wirkung.

Die Wissenschaft konnte sich die offensichtlich aphrodisierende Wirkung der Knolle lange nicht erklären. Es scheint an den Pheromonen zu liegen, die den Sexuallockstoffen im Achselschweiß ähneln. Außerdem wirkt Sellerie harntreibend und potenzsteigernd. Die Naturmedizin setzt ihn gegen sexuelle Unlust und Impotenz ein.

♥ Spargel

Das kalorienarme Frühlingsgemüse gilt schon wegen seines phallusartigen Aussehens als Aphrodisiakum. Der Spargel enthält Vitamin E, Mineralstoffe, Folsäure, Zink und Asparagin.

So liefert der Spargel viel Energie für größere sexuelle Ausdauer und regt die Bildung von Geschlechtshormonen an.

♥ Trüffel

Bereits die Babylonier kannten den Trüffel im Jahre 3000 vor Christus schon. Unter Feinschmeckern sind vor allem Frankreich und Italien für ihre Trüffelernte bekannt, aber man findet sie auch in Deutschland.

Es gibt über 100 verschiedene Trüffelsorten, aber der bekannteste ist wohl der weiße Trüffel aus Alba in Piemont. Er ist das stärkste natürliche Aphrodisiakum und sein aromatischer Geruch zeichnet diesen unterirdisch wachsenden Pilz aus.

Trüffel enthalten viele Aminosäuren, der Duft ähnelt dem des männlichen Pheromons oder Geschlechtshormons. Der Duft entspricht in seiner chemischen Zusammensetzung dem Sexualhormon eines Ebers. Aus diesen Gründen nehmen die Trüffelsucher immer ein weibliches Tier.

♥ Vanille

Schon seit langer Zeit gilt die Vanille als Königin der Gewürze. Durch ihren Duft ruft sie Glücksgefühle hervor, die Stress und Angst vergessen lassen. Ihr süßes Aroma wirkt beruhigend und harmonisierend und lockt sanfte, ausdauernde Zärtlichkeit.

Ursprünglich stammt die Vanille aus den tropischen Wäldern Mexikos. Die Blüten der Pflanze sind grün-gelb und sie blüht nur einen Tag lang und dann wächst eine Schote mit Samen heran. Bevor diese reif ist, wird sie geerntet und fermentiert. Dadurch erhält die Vanille ihr Aroma.

Elisabeth I. hat die Vanille im Jahre 1602 in die Liste der bei Hof erlaubten Gewürze aufgenommen und geadelt. In Frankreich hingegen hatte Kardinal Richelieu eine weitere Verwendungsmöglichkeit für die betörende Vanille entdeckt. Er ließ von ihr Duftkügelchen herstellen, mit denen er die Damen am Hofe Ludwig XIII. reihenweise becirct und verführt haben soll.

Im 16. Jahrhundert berichtete ein spanischer Arzt „Francisco Hernandez de Toledo", dass die Indianer die Vanille gezielt als Stärkung für ihre Gehirne verwenden würden.

Die Vanille ist fester Bestandteil vieler Parfums.

Aphrodisisch wirkende Gerichte
Alle Rezepte sind für 2 Personen

Ingwer-Erdbeerbowle

♥ **Zutaten:**

1 walnussgroßes Stück Ingwerwurzel

1 kg Erdbeeren

2 – 3 EL Zitrone

1 L eiskaltes Mineralwasser

1 L Sekt (Halbtrocken)

♥ **Zubereitung:**

Den Ingwer schälen und in kleine Stücke schneiden. In einem geschlossenen Topf mit 500 ml Wasser 10 - 15 Min köcheln, abkühlen lassen und in einen Eiswürfelbehälter füllen. Geben Sie ein paar Stücke Erdbeeren dazu. Im Eisfach zirka 5 Stunden gefrieren lassen.

Die Erdbeeren waschen, putzen und klein schneiden. Mit Zitronensaft in einem Bowlengefäß mischen und etwas durchziehen lassen.

Kurz vor dem Servieren die Erdbeeren mit dem Mineralwasser und dem Sekt aufgießen und die Ingwereiswürfel zugeben.

Überbackene Austern

♥ **Zutaten:**

18 Austern

3 Becher Crème double

1 TL Rosmarin

2 TL Estragon

2 EL Zitronensaft

♥ **Zubereitung:**

Die Austern öffnen, den Austernsaft in der Schale belassen und die Austern in der Schale auf ein Backblech (mit Backpapier auslegen) legen.

Creme double mit dem Estragon und Rosmarin mischen und auf den Austern verteilen.

Im vorgeheizten Backofen 15 – 20 Minuten auf 220 Grad backen, bis die Creme goldbraun ist. Mit dem Zitronensaft beträufeln.

Austern mit Ei und Zitrone

♥ **Zutaten:**

6 hartgekochte Eier

1 Dose geräucherte Austern

2 Stangen Lauch

100 g Mayonnaise

½ TL Basilikum

2 EL Worcestersoße

2 Zitronen

½ TL Salz, 1/3 TL Pfeffer

3 – 4 EL Olivenöl

♥ **Zubereitung:**

Die Eier in Scheiben schneiden und den Lauch in feine Streifen schneiden.

Die Pfanne heiß werden lassen und den Lauch 2 Minuten im heißen Olivenöl anschwitzen. Die geräucherten Austern gut abtropfen lassen. Die Mayonnaise mit dem Saft von einer Zitrone verrühren und mit den Gewürzen abschmecken. Die Eier und den Lauch unterheben. (4 Scheiben Eier zum Garnieren aufheben.)

Zum Schluss die geräucherten Austern sehr vorsichtig unterheben und den Salat vor dem Servieren 2 Stunden im Kühlschrank durchziehen lassen. Die zweite Zitrone in dünne Scheiben schneiden und auf dem Salat mit den 4 Scheiben Eiern garnieren.

Ziegenkäse mit Pinienkernen

♥ **Zutaten**

1 Kopf Eisbergsalat

8 Kirschtomaten

2 EL Balsamico-Essig

1 TL Senf

½ TL Pfeffer, ½ TL Salz

4 EL Olivenöl

1 Zweig Rosmarin

1 EL Pinienkerne

200 g Ziegenkäse

♥ **Zubereitung:**

Den Salat waschen und zerpflücken. Kirschtomaten waschen und halbieren. Alles in einer großen Schüssel mischen.

Für das Dressing: Senf, Salz, Pfeffer und 2 EL Öl verrühren. Rosmarin waschen und trocknen, die Blättchen abzupfen. Den Salat in 2 große Schälchen geben und mit dem Salat-Dressing anrichten und die Tomaten drauf setzen.

Die Pinienkerne im restlichen Öl 3 – 4 Minuten rösten. Über den Salat streuen. Den Ziegenkäse in etwa 1 cm dicke Scheiben schneiden und in die mäßig heiße Pfanne mit dem verbliebenen Öl zart zirka 2 Minuten anbraten. Dazu reichen Sie Low Carb Brot.

Lachs Zitronen Spieße

♥ **Zutaten:**

600 g Lachsfilet (Mittelstück ohne Haut)

2 unbehandelte Zitronen

6 Lorbeerblätter

3 - 4 EL Zitronensaft

1 TL Salz, ½ TL Pfeffer

6 Holzspieße

Öl für die Alufolie

Alufolie

♥ **Zubereitung:**

Lachsfilet in grobe Würfel schneiden. Zitronen waschen und in dünne Spalten schneiden.

Lachs, Zitronenspalten und Lorbeer auf Spieße stecken. Mit Zitronensaft beträufeln und mit Salz und Pfeffer würzen. Spieße auf geölte Alufolie legen und auf dem heißen Grill 10 – 15 Minuten grillen. Öfters wenden.

Sellerie-Apfel Salat

♥ Zutaten:

1 grüner Apfel

2 EL Zitronensaft

¼ Sellerie Knolle

2 Möhren

100 g zarte Sojabohnen

2 EL Frischkäse

2 EL Sauerrahm

½ TL Salz

1/3 TL Pfeffer

♥ Zubereitung:

Apfel schälen, entkernen, in feine Streifen schneiden. Mit dem Zitronensaft abschmecken. Sellerie und Möhren schälen und in feine Streifen schneiden. Die restlichen Zutaten zu einer Sauce vermischen und das Gemüse unterrühren. Anschließend den Salat für 2 Stunden kalt stellen. Den Salat auf Tellern anrichten und servieren.

Spargelsalat mit Erdbeeren

♥ Zutaten:

500 g Erdbeeren

250 g grünen Spargel

250 g weißen Spargel

1 Rucola (Dekoration)

2 EL Zitronensaft, 3 EL Nussöl

Mark einer Vanilleschotte

½ TL Pfeffer, ½ TL Salz

♥ Zubereitung:

Einen großen Teller mit Rucola dekorieren. Darauf wird im Anschluss der Erdbeer-Spargelsalat serviert.

Den Spargel putzen und schälen (beim Grünen nur das untere Drittel). Den Spargel in mundgerechte Stücke schneiden und im Salzwasser dünsten. Dabei dem weißen Spargel 8 Minuten Vorsprung geben (er braucht länger). Abkühlen lassen. Spargel zusammen mit den Erdbeeren auf den Salat geben.

Zitronensaft, Vanille, Gewürze Nussöl mischen und über den Salat geben.

Spargelsalat mit Mango und Garnelen

♥ Zutaten:

1 kg weißer Spargel

1 Liter Gemüsebrühe

1 Mango

200 g Garnelen

1 kleiner Eisbergsalat

1 kleine Zwiebel, 1 Knoblauchzehe

50 g Butter, 50 g Kräuterbutter

½ TL Salz, 1/3 TL Pfeffer

1 Prise Cayennepulver, 1 MSP Koriander

1 TL Senf, 2 EL Essig, 2 EL Olivenöl, 1 Zitrone

♥ Zubereitung:

Spargel schälen und in der Gemüsebrühe mit der Butter und einer halben Zitrone zum Kochen bringen und auf kleiner Stufe 5 – 8 Minuten garen. Eine Tasse Spargelbrühe aufheben. Den Spargel abkühlen lassen und mit Pfeffer und Salz würzen. Auf zwei großen Tellern anrichten. Die Teller legen Sie vorher mit ein paar Salatblättern aus. Mango dünn schälen und das Fruchtfleisch vom Kern schneiden und würfeln. Salat in grobe Streifen schneiden und mit der Mango mischen. Garnelen im Olivenöl 2 – 3 Minuten anbraten, die gewürfelten Schalotten und Knoblauchzehen dazugeben und kurz mitbraten. Garnelen mit Salz, Pfeffer, Cayennepfeffer und dem Koriander würzen. Zum Schluss der Garzeit die Kräuterbutter untermischen. Den Salat mit der Mango (in die Pfanne) dazugeben und kurz durchschwenken. Auf dem Spargel verteilen.

Für das Dressing den Essig mit dem Senf und dem Spargelfond verrühren, mit Salz, Pfeffer und Cayennepfeffer würzen. Olivenöl einrühren und Dressing über den Salat geben.

Zitronen Putenschnitzel

♥ **Zutaten:**

4 kleine Putenschnitzel

2 Zitronen

1 rote und 1 gelbe Paprika

6 EL Sojasoße

1 TL getrocknetes Chilipulver

1 Becher Schmand

1 Bund Rucola

½ TL Salz, 1 Prise Pfeffer, ½ TL Curry

4 EL Olivenöl

♥ **Zubereitung:**

Das Putenfleisch in Streifen schneiden. Marinade aus einer Zitrone (Saft), Sojasoße, 2 EL Olivenöl und Chili zubereiten. Das Putenfleisch darin 3 - 4 Stunden im Kühlschrank marinieren. Paprika in Streifen schneiden. Stellen Sie 2 große Teller bereit und belegen Sie die Teller mit dem Rucola.

Die Pfanne heiß werden lassen und 3 EL Öl hinzu geben. Das Fleisch darin 5 – 8 Minuten knusprig anbraten. Dann die Paprika zu dem Fleisch geben. Nochmal 5 – 8 Minuten leicht durchgaren. Etwas von der Marinade dazu geben (3 – 4 EL). Zum Schluss geben Sie den Schmand in die Pfanne.

Auf den zwei Tellern anrichten. Mit dünn geschnittenen Zitronenscheiben garnieren. Dazu passt Low Carb Brot.

Riesengarnelen in Wein

♥ Zutaten:

8 Riesengarnelen (tiefgefroren, roh)

1 Liter Gemüsebrühe (oder Fleischbrühe, Fischbrühe)

1 - 2 TL Salz, ½ TL Pfeffer, ½ TL Süßstoff

¼ Liter Weißwein

1 EL Johannisbrotkernmehl (bekommen Sie im Reformhaus)

12 Broccoli-Röschen (fertig garen - zirka 15 Minuten)

♥ Zubereitung:

Garnelen auftauen lassen, schälen und den Darm entfernen. Die Garnelen am Rücken entlang einschneiden. Die Brühe in einem Topf zum Kochen bringen und die Garnelen einlegen. 4 - 5 Minuten kochen lassen und wieder heraus nehmen. Das Salz, den Süßstoff (nur ein paar wenige Spritzer) und den Wein in die Brühe geben. Das Johannisbrotkernmehl mit wenig Wasser anrühren und unter Rühren in die kochende Brühe geben. Die Soße einmal aufkochen lassen. Die Garnelen nochmals 1 - 2 Minuten in der Soße erhitzen. In einem tiefen Teller anrichten und mit den Broccoli-Röschen garnieren.

Gebackener Fisch mit Kokosnuss

♥ **Zutaten:**

600 g Fischfilet

150 g getrocknete Kokosnuss (gemahlen)

200 ml Sahne, 100 ml Naturjoghurt

1 EL Zitronensaft, 1 EL Orangensaft

½ TL Salz, ½ TL Pfeffer, 1 Prise Cayennepfeffer

3 EL Öl

♥ **Zubereitung:**

Die Sahne mit dem Joghurt und den Kokosnussflocken mischen und 10 Minuten kochen (dann erkalten lassen).

Das Fischfilet mit dem Zitronen/Orangen-Saft beträufeln und mit den Gewürzen einreiben. In eine flache Form legen, die mit Butter ausgestrichen ist. Mit der Sahne/Joghurt-Mischung bedecken und im Ofen 40 – 45 Minuten backen.

Räuchertofu-Chili

♥ Zutaten:

400 g Räuchertofu

1 rote Paprika, 1gelbe Paprika

1 große Zwiebel, 3 Knoblauchzehen

1 kleine Sellerieknolle

1 rote Chilischote

2 Dosen Kidneybohnen

1 große Dose Tomaten (Stückchen)

4 EL Tomatenmark

3 EL Olivenöl

1 TL Paprikapulver, ½ TL Currypulver, ½ TL Curry

½ TL Salz, 1/3 TL Pfeffer

♥ Zubereitung:

Kidneybohnen in einem Sieb abtropfen lassen und den Tofu in Würfel schneiden. Zwiebel, Knoblauch, Sellerie und die Paprika schälen und in kleine Würfel schneiden.

Chilischote waschen, längs aufschneiden, entkernen und in kleine Würfel scheiden. Eine Pfanne heiß werden lassen und das Olivenöl hinzu geben. Zwiebel, Knoblauch, Sellerie, Chilischote und Tofu zufügen und anbraten. Tomatenmark zufügen und mit anschwitzen. Paprika, Kidneybohnen und Tomaten mit Flüssigkeit zufügen und alles gut umrühren. Mit den Gewürzen abschmecken.

Alles noch zirka 12 Minuten bei schwacher Hitze köcheln lassen.

Garnelencocktail mit Meerrettich

♥ Zutaten:

1 kg Spargel

200 g geschälte TK-Riesengarnelen

1 reife Papaya

1 kleiner Bund Schnittlauch

2 TL geriebener Meerrettich

½ TL Salz, 1 Prise Pfeffer

2 EL Butter

150 Gramm saure Sahne

1 EL Tomatenmark

3 EL Zitronensaft, 2 EL Orangensaft, 3 EL Öl

♥ Zubereitung:

Spargel und Butter in kochendem Salzwasser etwa 9 - 11 Minuten kochen lassen. Herausnehmen, abtropfen und abkühlen lassen. Spargelwasser NICHT abschütten.

Garnelen im kochenden Spargelwasser kurz erhitzen und mit einem Sieb abgießen. Papaya schälen und entkernen, Kerne beiseite stellen. Das Fruchtfleisch in dünne Scheiben schneiden.

Schnittlauch klein schneiden. Saure Sahne, Tomatenmark, Zitronen- und Orangensaft mit Salz, Pfeffer und Meerrettich abschmecken. Öl und etwas Schnittlauch (die Hälfte zur Seite legen) unterrühren. Spargelstangen in etwa 4 cm lange Stücke schneiden, mit Papayascheiben und den Garnelen mischen und auf Tellern anrichten.

Mit der Soße beträufeln und mit den Papayakernen und dem restlichen Schnittlauch garnieren.

Schinken-Röllchen mit Spargel

♥ **Zutaten:**

8 Scheiben gekochten Schinken

200 g geriebener Käse (egal welchen)

200 g Ricotta

100 g Frischkäse

16 Stangen Spargel

½ Eisbergsalat

1 Hand voll frische Spinatblätter

Nach Bedarf: Trüffel

½ TL Salz, ¼ TL Pfeffer, ¼ TL Chilipulver

2 EL getrocknete Kräuter

1 EL Zitronensaft, 1 EL Essig, 2 EL Sonnenblumenöl

Nach Bedarf: Ein paar Spritzer Tabascosoße

♥ **Zubereitung:**

Für die Creme: In einer kleinen Schüssel mischen Sie den geriebenen Käse, Ricotta, Frischkäse, Salz, Pfeffer, Chilipulver, Tabascosoße und Zitronensaft.

Die Schinkenscheiben legen Sie auf eine große Platte und bestreichen Sie mit der Creme. 2 große Teller mit dem gewaschenen Salat dekorieren. Dann rollen Sie die bestrichenen Scheiben zusammen und legen Sie auf die Salat-Teller. Den Spargel im Salzwasser 8 – 10 Minuten kochen, abtropfen lassen und kalt werden lassen.

Mit Sonnenblumenöl, Essig sowie etwas Salz und den Kräutern, den Spargel marinieren und auf die Röllchen legen. Nach Bedarf: Mit gehobelten Trüffeln verzieren

Bärlauch Pesto

♥ Zutaten:

100 g frische Bärlauchblätter (feinschneiden)

50 g Pinienkerne

100 g geriebener Parmesankäse

½ TL Salz

1/3 TL Pfeffer

150 ml Olivenöl

1 EL Zitronensaft

♥ Zubereitung:

Die Bärlauchblätter mit den Pinienkernen und dem Olivenöl pürieren. Zitronensaft, Salz, Pfeffer und den Parmesankäse dazugeben. In ein dunkles Glas füllen.

Im Glas muss ein cm Olivenöl über der Pesto stehen.

Im Kühlschrank hält sich das Pesto zirka 3 – 4 Wochen.

Bärlauch Cremesuppe

♥ **Zutaten:**

500 g Bärlauch

1 Möhre, 1 Zwiebel

4 Cocktailtomaten

3 EL Butter

¾ Liter Gemüsebrühe

200 ml Sahne

½ TL Salz

1/3 TL Pfeffer

½ TL Curry

♥ **Zubereitung:**

Bärlauch, Möhre und Zwiebel fein hacken.

1 EL Bärlauch besonders fein hacken und zur Seite stellen. Die Cocktailtomaten vierteln und auch zur Seite stellen.

Die Zwiebel und die Möhre in der Butter glasig dünsten. Bärlauch dazugeben und mit der Gemüsebrühe aufgießen. Aufkochen lassen und die Schlagsahne einrühren. Mit einem Mixstab fein pürieren. Mit den Gewürzen abschmecken.

Die Suppe in Teller verteilen und in jeden Teller ein wenig mit den feingehackten Bärlauchblättern und den Tomatenstückchen garnieren.

Hähnchen mit Zimt

♥ **Zutaten:**

500 g Hähnchen-Brustfilet in kleine Stücke schneiden

2 gehackte Zwiebeln

2 gehackte Knoblauchzehen

1 gehackte rote Paprika

2 EL gehackter Dill

2 EL gehackte Nüsse (egal welche Sorte)

½ TL Salz

1/3 Pfeffer

½ TL Zimt

1 MSP Muskatnuss

4 EL Olivenöl

¼ Liter Fleischbrühe

1 EL Tomatenmark

♥ **Zubereitung:**

Das Fleisch stark anbraten und die Zwiebeln dazu geben. Mit der Brühe ablöschen, Nüsse, Knoblauch, Gewürze und das Tomatenmark hinzugeben. 30 Minuten garen. Zum Schluss den Dill über das Fleisch streuen.

Spiegeleier mit Gemüse

♥ Zutaten:

6 Eier

400 g Brokkoli

2 Tomaten

1 Zwiebel

1 Knoblauchzehe

½ TL Salz

1/3 TL Pfeffer

♥ Zubereitung:

Brokkoli 8 – 10 Minuten im Salzwasser garen. Die Tomaten, Zwiebel, Knoblauch würfeln.

Die Pfanne heiß werden lassen, Öl hinzugeben. Zwiebel etwas andünsten. Gewürze, Knoblauch, Tomaten hinzugeben.

Den gewürfelten Brokkoli und die Eier über die Masse schütten und vorsichtig stocken lassen.

Mango-Zucchinisalat

♥ Zutaten:

4 Zucchini

2 reife Mango

4 EL Sojasoße

½ TL Salz

1/3 TL Pfeffer

½ TL Curry

1 EL Zitronensaft

♥ Zubereitung:

Zucchini würfeln, Mango schälen und vierteln. Ein Viertel in feinste Streifen schneiden.

Aus den anderen Vierteln den Saft auspressen.

Die Sojasoße mit dem Mangosaft verrühren und mit den Gewürzen abschmecken.

Jakobsmuscheln mit Safransoße

♥ Zutaten:

8 frische Jakobsmuscheln

2 reife Avocados

1 Chicoree

1 rote Chilischote

1 große Orange (Schale reiben), 1 Zitrone (Schale reiben)

0,2 g Safranfäden

3 EL Butter

1 Becher Créme fraiche

1 Bund frische Kräuter

½ TL Pfeffer, ½ TL Salz

1 EL Olivenöl, 6 EL warmes Wasser

♥ Zubereitung:

Die Jakobsmuscheln waschen und auf Küchenpapier gut abtropfen lassen. Die Safranfäden in einer Tasse mit sehr warmem Wasser auflösen, mit Salz und Pfeffer und der Creme fraiche vermischen. Chilischote sehr fein schneiden.

Avocados schälen, dünne Streifen schneiden und etwas Zitronensaft darüber geben. Chicoree waschen und pro Portion drei Blätter auf den Tellern mit den Avocadoscheiben anrichten.

Orangen schälen und filetieren, mit Salz, Pfeffer, Öl, geriebener Schale der Zitrone und mit der kleingeschnittenen Chilischote marinieren. Pfanne heiß werden lassen und die Butter dazugeben. Die gepfefferten Jakobsmuscheln von jeder Seite 2 Minuten braten und danach von jeder Seite nochmals würzen. Die Soße auf dem Salat verteilen, Orangenfilets und gebratene Jakobsmuscheln darauf setzen und mit frischen Kräutern anrichten.

LC - Schichtsalat

♥ Zutaten:

1 Stange Porree

1 großes Glas Spargel

1 kleines Glas Sellerie

1 kleines Glas Champignons

1 kleine Dose Mandarinen

1 kleine Dose Ananas (ohne Zucker)

4 hart gekochte Eier

200 g gekochten Schinken

100 g Mayonnaise

150 ml Milch, 1 EL Zitronensaft

1 EL Streusüße (evl. Stevia)

½ TL Salz, ¼ TL Pfeffer

1 große Schüssel

♥ Zubereitung:

Porree in feine Ringe schneiden und das Gemüse abtropfen lassen. Eier und den gekochten Schinken klein würfeln. Die Mayonnaise mit Milch cremig rühren und mit Salz, Pfeffer, Zitronensaft und Streusüße würzen. In einer großen Schüssel (oder Becher) alles nacheinander schichten und anschließend die Mayonnaisemasse drauf geben.

Erdbeeren mit Tonkabohnen

Beschreibung der Tonkabohne siehe Ende des Rezeptes

♥ **Zutaten:**

500 g reife Erdbeeren, 200 g Mozzarella

Zirka ½ TL geriebene Tonkabohne, ½ TL Rosa-Pfeffer

3 – 4 EL Mandelöl, 2 EL Balsamicoessig, 1/3 TL Salz

3 EL geröstete Mandelblättchen

1 EL Zitronensaft, 1 EL Apfelsinensaft

♥ **Zubereitung:**

Erdbeeren waschen, auf Küchenpapier abtrocknen lassen. In dünne Scheiben schneiden. Den Mozzarella halbieren, in dünne Scheiben schneiden. Erdbeer- und Mozzarellascheiben auf den Tellern hübsch anrichten. Aus Balsamicoessig, Mandelöl, Salz, Pfeffer und etwas geriebener Tonkabohne eine Vinaigrette rühren und damit die Erdbeer- und Mozzarellascheiben leicht beträufeln. Geröstete Mandelblättchen und Zitronen- Apfelsinensaft darüber geben.

♥ **Information:**

Die Tonkabohne ist der mandelförmige Samen des Tonkabaumes. Dieser wächst im nördlichen Südamerika und in der südlichen Karibik. Der Tonkabohne wird eine aphrodisierende Wirkung nachgesagt. Ihr Geschmack ist süßlich, ähnlich wie der Geschmack von Vanille und duftet zudem leicht nach Lakritze. Tonkabohnen sind sehr hart (Wie Muskatnuss) und werden am besten mit einer Muskatreibe abgerieben. Für Desserts auf Sahne- oder Milchbasis werden die Bohnen 10 - 15 Minuten ausgekocht. Die Bohnen können bis zu 10 Mal verwendet werden und man kann sie auch in Rum einlegen.

Fischfilet mit Vanille

♥ **Zutaten:**

600 g Zander (filetiert)

1 kleiner Eisbergsalat

6 Cocktailtomaten

200 g Butter

1 Vanilleschote

½ TL Salz

1 Prise Cayennepfeffer

½ TL Pfeffer

2 EL Zitronensaft

♥ **Zubereitung:**

Pfanne heiß werden lassen und die Butter zerlassen. Vanilleschote auskratzen und zusammen mit der Schote zu der Butter geben. Kurz aufschäumen lassen.

Eine hohe Backform mit der Hälfte der Buttermasse einpinseln. Fisch hinein geben. Den Rest der Buttermasse darüber geben.

Im Backofen bei 160 Grad 35 – 45 Minuten garen.

2 Teller anrichten mit den Salatblättern. Darauf legen Sie den gegarten Fisch und die halbierten Cocktailtomaten.

Anschließend mit den Gewürzen und dem Zitronensaft abschmecken.

Kürbiskuchen

♥ Zutaten:

3 Eier

300 g gemahlene Mandeln

4 EL Eiweißpulver (bekommen Sie im Reformhaus)

1 Tütchen Backpulver

120 g Butter

3 EL flüssigen Süßstoff

2 EL Apfelsinensaft

1 Backaroma Vanille

300 g fein geraspeltes Kürbisfleisch

100 g gemahlene Mandeln für die Form

♥ Zubereitung:

Eier trennen. Aus Eiweiß und Süße einen sehr steifen Eischnee schlagen. Eigelb, Vanille und Butter schaumig rühren.

Eischnee unterheben. Mandeln, Eiweißpulver, Backpulver mit den Kürbisraspeln und Apfelsinensaft unterheben. Den Teig in eine gefettete und bemehlte (gemahlene Mandeln) Form füllen und bei 180 Grad (Heißluft) 50 – 60 Minuten backen.

Beschwipste Himbeeren

♥ Zutaten:

500 g frische Himbeeren

1 EL Streusüße (evl. Stevia)

½ TL gemahlener Pfeffer

ein paar Tropfen Backaroma-Vanille

6 cl schottischen Whisky

♥ Zubereitung:

Die Himbeeren leicht süßen (wenn überhaupt).

Den frisch gemahlenen Pfeffer darüber geben und am Schluss den Whisky mit der Vanille vorsichtig umrühren.

Hexen - Bowle

♥ Zutaten:

Viele Eiswürfel zubereiten (Frostzeit: 5 – 7 Stunden)

1 L kalter Pfefferminztee (mit Süßstoff – zirka: 3 – 4 TL)

2 TL Zitronensaft

1 Flasche Sekt

1 Handvoll frische Pfefferminz-Blätter

♥ Zubereitung:

Alle Zutaten miteinander mischen.

Vanille-Zimt-Kuchen

♥ **Zutaten:**

250 g Sahnequark

200 g gemahlener Mohn

60 g geschmolzene Butter

4 EL flüssigen Süßstoff

1 TL Zimt

1 gestrichener TL Natron

30 g Eiweißpulver (Vanille)

6 Eier

1 Vanille-Schote (Schote auskratzen)

♥ **Zubereitung:**

Alle Zutaten rühren und in eine gefettete Kuchenform geben. Bei 160 Grad 40 - 50 Minuten backen.

Vanille-Kekse

♥ Zutaten:

200 g gemahlene Mandeln

1 TL Backpulver

2 TL flüssigen Süßstoff

15 g Gluten (Weizenkleber – gibt es im Reformhaus)

1 Ei

1 EL Schmand

2 Vanille-Schoten

120 g weiche Butter

♥ Zubereitung:

Zutaten zu einem Teig kneten und im Kühlschrank 1 Stunde ruhen lassen. Portionsweise zu einer Rolle formen.

Kleine runde Kekse formen und im Abstand von 2 cm auf das Backblech (mit Backpapier) legen.

Im vorgeheizten Ofen bei 160 Grad, 9 - 10 Minuten backen. Auf dem Backblech auskühlen lassen und mit einem Hauch von Diät-Streusüße bestäuben.

Sinnlicher Zimtkuchen

♥ Zutaten:

250 g geschmolzene Butter

5 TL flüssigen Süßstoff

6 Eier unterrühren.

1 TL gemahlenen Koriander

2 EL Kakao

2 TL Zimt

1 TL gemahlene Nelken

1 Backaroma-Vanille

3 – 4 EL Eiweißpulver

150 g Sojamehl, 100 g gemahlene Mandeln

1/2 Tütchen Backpulver

♥ Zubereitung:

Die geschmolzene Butter, Süßstoff, Eier, Koriander, Kakao, Zimt, Nelken und Vanille sehr gut miteinander verrühren. Die restlichen Zutaten hinzu geben und verrühren.

Den Teig in eine eingefettete und mit Mandeln ausgestreute Springform geben. Den Kuchen 160 Grad zirka 50 bis 60 Minuten backen.

Quark-Brot mit roten Beeren

♥ Zutaten:

200 g Eiweißpulver (neutral)

200 g rote Beeren (tiefgekühlt)

200 g Magerquark

2 Eier

1 Päckchen Backpulver

½ TL Salz, 1 TL flüssigen Süßstoff

½ TL Zimt

♥ Zubereitung:

Die Beeren pürieren und mit den restlichen Zutaten vermischen. Zu einem Teig kneten und ein Brot formen (oder Brötchen). Das Brot/Brötchen auf ein Backblech (Backpapier) geben und für 30 – 40 Minuten auf mittlerer Schiene bei 170 Grad im Backofen backen.

Die Brötchen brauchen zirka 8 Minuten weniger.

Verhexte Schokoladencreme

♥ Zutaten:

200 ml Sahne

2 EL Kakao (ohne Zucker)

1 TL Zimt

60 g gemahlene Haselnüsse

60 g geschmolzene Butter

2 TL flüssigen Süßstoff

♥ Zubereitung:

Butter schmelzen und mit den Zutaten vermischen.

Die Schokoladencreme ist im Kühlschrank 3 – 4 Tage haltbar. Sie schmeckt sehr gut auf Brot/Brötchen.

Waldmeister-Torte

Zutaten für den Boden:

90 g Butter schmelzen

200 g gemahlene Mandeln (wer mag auch gem. Haselnüsse)

20 g Weizenkleie, 70 g Eiweißpulver.

1 Päckchen Backpulver, 1 EL flüssigen Süßstoff

♥ Zubereitung:

Dieser Teig krümelt sehr. Die Krümel in die gefettete Auflaufform (eine normal große Form) geben und zuerst leicht den Rand bilden und dann den Teig erst andrücken.

Zum Belag:

4 Eier schaumig rühren

1 kg Magerquark mit den Eiern verrühren.

2 Pack Götterspeise Waldmeister Geschmack (ohne Zucker)

3 EL flüssigen Süßstoff

Alles verrühren und auf den Boden geben. Den Kuchen im vorgeheizten Backofen bei 180 Grad eine Stunde backen, dann im abgeschalteten und geschlossenen Backofen zirka 15 - 25 Minuten stehen lassen und herausnehmen. Er fällt nicht zusammen und ein kleines Stück Kuchen macht toll satt.

Buchdaten:
Die sanfte Umstellung auf Low Carb
Für Einsteiger - Theorie und Praxis
Mit 108 Rezepten
Autorin: Jutta Schütz
Verlag: Books on Demand
ISBN-13: 9783752849141
(Paperback) 212 Seiten
Auch als E-Book erhältlich
ISBN-13: 9783752883091
Erscheinungsdatum: 30.04.2018
Sprache: Deutsch

Das neue Buch "Die sanfte Umstellung auf Low Carb" ist für Neulinge und Einsteiger genau richtig. Neben Theorie und Praxis gibt es noch 108 kohlenhydratarme Rezepte.

Eine sanfte Umstellung auf Low Carb

Umstellung auf eine kohlenhydratarme Ernährung

Die kohlenhydratarme Ernahrungsform "Low Carb" ist ein dehnbarer Begriff und Sie sollten selbst entscheiden, wie viele Kohlenhydrate Sie aufnehmen möchten. Nutzen Sie für Ihre Ernährung gute Kohlenhydrate.

Gute Kohlenhydrate stecken in:

- Gemüse
- Salat
- Obst
- Nüssen
- Milchprodukten
- Vollkorn

Meiden Sie raffinierten Zucker, Mehlspeisen, Reis, Kartoffeln und zuckerhaltige Getränke. Zum Anfang würde ich einen Richtwert von zirka 100 g Kohlenhydraten pro Tag veranschlagen.

Wie Ihre Kohlenhydratbilanz aussehen soll, müssen Sie selbst entscheiden.

Betrachten Sie diese Kohlenhydrate- (KH) Angaben als Richtlinie und nicht als Regel. Bei jeder Low Carb Methode ist es unmöglich die exakte Menge an KH zu errechnen, auch die Spezialisten können das nicht.

Wenn Sie dieses Buch gekauft haben, und es Ihnen nur ums abzunehmen geht, dann sollten Sie nach einer gewissen Zeit (ab 2 Wochen zirka) die KH auf zirka 35 bis 50 KH pro Tag reduzieren. Jeder Körper hat einen anderen Stoffwechsel. Probieren Sie einfach aus, wie viele KH Sie essen dürfen, um immer noch abzunehmen.

Wenn Sie Diabetiker (Typ 2) sind und Sie möchten Ihren Blutzuckerspiegel reduzieren, dann essen Sie pro Tag 60 – 90 KH. Bitte besprechen Sie sich mit Ihrem Arzt, auch wenn er von Low Carb nichts hält.

Als Patient sind Sie nicht entmündigt. Sie haben das Recht, selbst zu entscheiden. Sie können sich auch mit Ihrer Krankenkasse besprechen.

Haben Sie aber einen Arzt, der mit Ihnen diesen Low Carb Weg gehen möchte, dann wird er Ihren Zuckerspiegel regelmäßig kontrollieren.

Buchdaten:
LOW CARB für Senioren -
Kohlenhydratarme Ernährung
Autorin: Jutta Schütz
Verlag: Books on Demand
ISBN-13: 9783752877427
Paperback - 56 Seiten
Erscheinungsdatum: 28.05.2018
Sprache: Deutsch
Auch als E-Book erhältlich.

Vitalität und Wohlbefinden sind wesentliche Voraussetzungen für gute Lebensqualität bis ins hohe Alter und eine gesundheitsbewusste Lebensführung zögert die Alterungsvorgänge hinaus.

Histaminarmes LOW CARB
Theorie und Praxis
Autorin: Jutta Schütz
Paperback - 60 Seiten
ISBN-13: 9783738637458
Verlag: Books on Demand
Erscheinungsdatum: 24.08.2015
Sprache: Deutsch

Histamin wird im Körper bei allergischen Reaktionen freigesetzt. Dieser wird jedoch nicht nur im Körper produziert, sondern ist auch in vielen Lebensmitteln zu finden.

Low Carb koscher
Jüdische Spezialitäten
Autorin: Jutta Schütz
Paperback - 60 Seiten
ISBN-13: 9783752852417
Verlag: Books on Demand
Erscheinungsdatum: 07.05.2018
Sprache: Deutsch

Die jüdischen Rezepte orientieren sich nach den Speisegesetzen, auch Kaschrut-Regeln genannt. Der Ursprung dieser jüdischen Regelung liegt in der jahrtausendealten Tora, der heiligen Schrift der Juden (Altes Testament der Bibel – die fünf Bücher Moses).

Koscher sind alle frischen Obst- und Gemüsesorten (sämtliche Fruchtsäfte mit 100% Fruchtgehalt außer Traubensaft).

Zum Beispiel wird auf Schweinefleisch verzichtet. Stattdessen greift man zu Pute oder Hühnchen sowie Rind, Schaf oder Ziege. Das heißt: Alle Tiere wie Schweine, Hasen, Pferde oder Kamele sind verboten.

Für Geflügel gilt: Erlaubt sind nur Hausvögel, die rituell (jüdisch) geschlachtet wurden: Gänse, Hühner, Enten, Truthähne und Tauben.

Eine andere Vorschrift schreibt vor, Milchprodukte und Fleisch nie gemeinsam zuzubereiten und zu verzehren.

Eine weitere Regel verbietet, Blut zu essen (Das gibt es auch in ähnlicher Form im Islam). Das Tier soll beim koscheren Schlachten möglichst komplett ausbluten.

Wenn es um Fische geht, so sind alle Fische, die Flossen und Schuppen besitzen (beide Koscher Merkmale) koscher. Das wären Hering, Heilbutt, Kabeljau, Flunder, Forelle, Makrele, Lachs, Thunfisch. Nicht koscher sind: Wale, Aale sowie Schalentiere (Krebse, Hummer, Muscheln usw.).

Kaviar von nicht-koscheren Fischen ist verboten. Auch das Fischöl ist nur von koscheren Fischen koscher.

Die Milch von koscheren Tieren (Kühe, Ziegen, Schafe) ist koscher, Milch von anderen Tieren (Pferde, Schweine, Kamele) ist nicht erlaubt.

N E U
Magenfreundliches LOW CARB
Rezepte für Berufstätige
Jutta Schütz
Paperback - 64 Seiten
ISBN-13: 9783749409402
Verlag: Books on Demand
Erscheinungsdatum: 20.02.2019
Sprache: Deutsch

53 kohlenhydratarme Rezepte.
Viele verschiedene Magenprobleme
sowie auch Verdauungsprobleme führen
zu Sodbrennen, Völlegefühl,
Bauchkrämpfe, Blähungen bis hin zu
täglichen Durchfällen.

Dies kommt oft von einer falschen Ernährungsweise und von zu vielen Kohlenhydraten. Der kohlenhydratarme Ernährungsstil LOW CARB hat sich nicht nur in der Verdauungsarbeit sehr gut bewährt, auch ein gestörter Stoffwechsel beim Diabetes Typ 2 wird durch die Stabilisation des Blutzuckerspiegels korrigiert.

Dieses Kochbuch liefert Ihnen leckere und unkomplizierte, kohlenhydratarme (Low Carb) Rezepte, mit denen Sie eine gesunde und ausgewogene Mahlzeit auf den Tisch zaubern.

Damit die Ernährungsumstellung auch im Arbeitsalltag locker funktioniert, ist vor allem wichtig, dass sich die Rezepte gut vorbereiten lassen. Auch wer unter Magenprobleme leidet, muss nicht auf leckeres Essen verzichten.

Dies ist das 4. Low Carb Buch in der Reihe für Berufstätige.

Weitere Low Carb Bücher finden Sie auf der Webseite der Autorin. https://www.jutta-schuetz-autorin.de/